BEI GRIN MACHT SICH IHR WISSEN BEZAHLT

- Wir veröffentlichen Ihre Hausarbeit, Bachelor- und Masterarbeit

- Ihr eigenes eBook und Buch - weltweit in allen wichtigen Shops

- Verdienen Sie an jedem Verkauf

Jetzt bei www.GRIN.com hochladen und kostenlos publizieren

Sandra Schmelter

Untersuchung der verschiedenen Textfunktionen am Beispiel der Textsorte "Horoskop" in den Printmedien

GRIN Verlag

Bibliografische Information der Deutschen Nationalbibliothek:

Die Deutsche Bibliothek verzeichnet diese Publikation in der Deutschen National-
bibliografie; detaillierte bibliografische Daten sind im Internet über http://dnb.d-
nb.de/ abrufbar.

Impressum:

Copyright © 2011 GRIN Verlag GmbH
Druck und Bindung: Books on Demand GmbH, Norderstedt Germany
ISBN: 978-3-640-98894-5

Dieses Buch bei GRIN:

http://www.grin.com/de/e-book/177326/untersuchung-der-verschiedenen-textfunk-
tionen-am-beispiel-der-textsorte

GRIN - Your knowledge has value

Der GRIN Verlag publiziert seit 1998 wissenschaftliche Arbeiten von Studenten, Hochschullehrern und anderen Akademikern als eBook und gedrucktes Buch. Die Verlagswebsite www.grin.com ist die ideale Plattform zur Veröffentlichung von Hausarbeiten, Abschlussarbeiten, wissenschaftlichen Aufsätzen, Dissertationen und Fachbüchern.

Inhaltsverzeichnis

1. Einleitung

Intuitiv erkennen wir einen Text und ordnen diesen einer Textsorte zu. Woher entstammt unser Wissen, eine solche Verbindung zu realisieren? Mit dieser Frage beschäftigt sich die Textlinguistik seit Jahren. Eine Textsorte, allgemein gesprochen, besteht aus einer Anzahl von Texten, die Kriterien aufweisen, welche uns eine spezifische Zuordnung zu einer Textsorte erlauben. Klaus Brinker, Margot und Wolfgang Heinemann und einige andere Linguisten beschäftigten sich mit der Abgrenzung des Begriffs Textsorte, welches sich als kein leichtes Unterfangen erwies. Eines der Kriterien, mit denen sich Texte spezifischen Textsorten zuordnen lassen, ist die Textfunktion. Der Verfasser richtet seinen Text immer an einen Adressaten. Mit dessen Hilfe der Autor dem Leser eine Nachricht übermittelt. Diese enthält seine Intention, mittels derer er beim Empfänger eine Reaktion hervorrufen möchte. Dadurch erhält der Text seine Funktion. Klaus Brinker stellt eine Vielzahl von Textfunktionen vor. Eine Textsorte kann mehrere Textfunktionen ausüben, aber nur eine von ihnen ist dominant.

Ziel meiner Arbeit ist es, die dominante Funktion der Textsorte Horoskop festzustellen. Dafür ist es von Bedeutung zunächst einmal den Begriff Textsorte zu erläutern und ihre Merkmale darzustellen. Daraufhin erfolgt die Definition des Horoskops. Diese wird zuerst unter dem astrologischen Gesichtspunkt betrachtet. Weiterführend werden die Grundlagen der Pressehoroskope genannt. Schließlich widme ich mich der Funktionalität von Texten zu, die sehr vielschichtig sind. Anhand der Textfunktionen, die für die Analyse relevant erscheinen, untersuche ich diese an Beispieltexten der Pressehoroskope aus einer Zeitung und drei Zeitschriften mit dem bereits genannten Ziel, eine dominante Textsortenfunktion festzulegen.

1.1. Erläuterung des Textsortenbegriffs unter dem linguistischen Aspekt

Intuitiv ordnen wir einen Text, ob in gesprochener oder geschriebener Sprache, einer Sorte zu. Dieser Vorgang basiert auf unserem vorhandenen „Textsortenwissen"[1], welches uns in der Rolle des Rezipienten ermöglicht anhand eines Textes eine bestimmte Textsorte zu erkennen wie z.B. den Wetterbericht. Wenn jemand im Medium Radio äußert: „In Greifswald sind es aktuell sechs Grad Celsius.", kann der Hörer dieser Sequenz mit Bestimmtheit sagen, dass er gerade den Wetterbericht vernimmt. Der Leser nimmt diese Textsorte auf einem anderen Weg wahr. In dem Medium Zeitung identifiziert der Leser diese vor allem an seiner äußeren Gestalt, die sich auf Grafiken stützt. Bei Texten in geschriebener bzw. gedruckter Form gilt die Oberfläche als ein wichtiges Kriterium für Zuordnung einer Textsorte.

Mit Hilfe von Textsorten lassen sich in der Textlinguistik Texte klassifizieren. Die Klassifikation basiert auf der Verbindung der Funktionalität und Situativität bestimmter kommunikativer Handlungen und ihrer sprachlichen Muster. Ziel der Textlinguistik ist es, Texte mit gemeinsamen Merkmalen in einer Textsorte zusammenzufassen. Damit dem Rezipient diese Zuordnung gelingt, ist es von Bedeutung, dass der Produzent genauso wie der Rezipient über ein Textsortenwissen verfügt. Darauf basierend gründet sich Margot und Wolfgang Heinemanns Definition des Begriffs der Textsorte, die sich „als ein kognitives Phänomen, als ein auf einer bestimmten Menge von übereinstimmenden Merkmalen basierender Operator für Zuordnungsoperationen der Individuen; [...]"[2] erweist. Diese kommunizierenden Individuen ordnen im Alltag einen Text rein intuitiv einer Textsorte zu. In deren alltäglicher Sprache existieren verschiedene Begriffe für Textsorten wie Textklasse und Texttyp. Laut Matthias Dimter gibt es einen grundlegenden Begriff, der in Verbindung, meist mit Komposita, als abgeleitet gilt. Er führt das Beispiel des „Berichts" an. Dieser Begriff ist grundlegend und entspricht abgeleitet dem „Reisebericht, Arbeitsbericht,

---

[1] Vgl. Manfred Stede: Korpusgestützte Textanalyse. Tübingen 2007, S. 43.
[2] Vgl. Margot Heinemann/ Wolfgang Heinemann: Grundlagen der Textlinguistik. Tübingen 2002, S. 129.

Ergebnisbericht"[3] usw. Anhand dieses Beispiels lässt sich erkennen, dass die Klassifikation von Texten der Alltagssprache sehr komplex und vielfältig ist. Dimter gelangt zu der Erkenntnis, dass die dominanten Merkmale der alltagssprachlichen Textsorten sich drei Kategorien zuordnen lassen: ‚der Kommunikationssituation, der Textfunktion und dem Textinhalt'[4]. Die Bezeichnungen der Textsorten in der Alltagssprache beruhen nicht auf sprachlichen Kriterien. Sie weisen aber adäquate syntaktische Muster auf, mittels derer sich eine Zuordnung realisieren lässt. Solche sprachlichen Strukturen fungieren als Träger für den Kommunikationsinhalt und für das Kommunikationsziel. Grundsätzlich definieren sich alltagssprachliche Textsorten durch „funktionale, thematische und situative Merkmale"[5].

Die Linguistik untersucht die Differenzierung des Begriffs der Textsorte unter dem Gesichtspunkt des sprachlichen, strukturellen Systems und unter dem Aspekt der Kommunikationstheorie. Die Erforschung mittels des Sprachsystems ergab keine expliziten Kriterien zur Textsortenklassifikation. Dem entgegen lassen sich Merkmale anhand der Kommunikations- bzw. Handlungstheorie finden. Mittels des handlungstheoretischen Aspekts gelangt Klaus Brinker zu folgender Definition des Textsortenbegriffs:

> Textsorten sind konventionell geltende Muster für komplexe sprachliche Handlungen und lassen sich als jeweils typische Verbindungen von kontextuellen (situativen), kommunikativ-funktionalen und strukturellen (grammatischen und thematischen) Merkmalen beschreiben. Sie haben sich in der Sprachgemeinschaft historisch entwickelt und gehören zum Alltagswissen der Sprachteilhaber; sie besitzen zwar eine normierende Wirkung, erleichtern aber zugleich den kommunikativen Umgang, indem sie den Kommunizierenden mehr oder weniger feste Orientierungen für die Produktion und Rezeption von Texten geben.[6]

Diese umfangreiche Definition wird weites gehend von den Linguisten anerkannt. Es wird aber unterstrichen, dass Textsorten keine festen Größen

---

[3] Vgl. Matthias Dimter: Textklassenkonzepte heutiger Alltagssprache. Tübingen 1981, S. 33.
[4] Vgl. Klaus Brinker: Linguistische Textanalyse. Berlin 2005, S. 129.
[5] Vgl. S. 131.
[6] Vgl. S. 132.

sind, sondern Prototypen. Sie verfügen über „bestimmte textexterne und textinterne Kernmerkmale"[7]. Dabei lassen Textsorten auch Kriterien zu, die nicht charakteristisch für sie sind. Daraus resultiert, dass sich die Textsortenklassifikation als schwierig erweist. Denn es stellt sich die Frage, wie viele und welche Merkmale zur Klassifikation zugelassen werden. Werden wenige festgelegt, erhält man „auch nur sehr unspezifische Erkenntnisse"[8]. Entgegengesetzt bedeutet die Zulassung einer Vielzahl von Kriterien, dass sich die Zuweisung von gebräuchlichen Texten in das Textsortensystem nicht verwirklicht werden kann.

1.2. Klärung des Begriffs „Horoskop"

Das Wort Horoskop geht auf das spätlateinische „horoscopium"[9] zurück, welches als Instrument dazu diente, die Planetenkonstellation bei der Geburt eines Menschen zu bestimmen. Diese Bezeichnung wurde wiederum von dem griechischen „hōroskopeīon"[10] hergeleitet, welches eigentlich den „Stundenseher"[11] bezeichnet. Laut dem Deutschem Universal Wörterbuch des Dudens weist das Horoskop in der Astrologie zwei Bedeutungen auf:

a) schematische Darstellung der Planetenkonstellation zu den Tierkreiszeichen zu einem bestimmten Zeitpunkt, bes. bei der Geburt eines Menschen, als Grundlage zur Schicksalsdeutung: (...);[12] *oder*

b) Voraussage über kommende Ereignisse auf Grund von Sternkonstellationen: (...).[13]

Die Grundlage für das Horoskop bildet das Geburtshoroskop, welches auch Radixhoroskop genannt wird. Der Begriff stammt vom lateinischen *radix* und bedeutet *Wurzel*. Horoskop heißt wörtlich übersetzt *in die Stunde geblickt*. Horoskope sind daher vergleichbar mit kosmischen Uhren. Wie eine Sternen-

---

[7] Vgl. Katja Furthmann: Die Sterne lügen nicht. Göttingen 2006, S. 74.
[8] Vgl. S. 75.
[9] Vgl. Duden. Deutsches Universal Wörterbuch A-Z. Mannheim 1989, S. 737.
[10] ebd.
[11] Ebd.
[12] ebd.
[13] ebd.

Uhr zeigen sie die gerade gegebenen Konstellationen bzw. die bestehende Zeitqualität an und damit auch das Wesen des gerade geborenen Menschen. Das Geburtshoroskop veranschaulicht die Darstellung der Sterne zum Augenblick der Geburt und aus Sicht des Geburtsortes. Hierfür bedient es sich verschiedener astrologischer Symbole, die in einem Kreis angeordnet sind. Jedes Geburtshoroskop besteht im Wesentlichen aus zwölf Tierkreiszeichen, zwölf Häusern, zehn Planeten, den beiden Mondknoten und den Aspekten. Diese Elemente sind Gegenstand der Horoskopanalyse und Horoskopdeutung. Ziel der Analyse und Deutung ist die Ermittlung der individuellen Persönlichkeitsstruktur einer Person. Als Grundlage dient dem Astrologiekundigen diese Fülle der bereits obengenannten Elemente, die verschieden kombiniert werden können. Daraus ergibt sich eine Vielzahl von Kombinationsmöglichkeiten, aus denen die wahrscheinlichste herausgenommen wird. Die Horoskopdeutung erfordert astrologisches Wissen und auch Intuition vom Astrologen, der die einzelnen kennzeichnenden Symbole in ihrer Konstellation zu einem Gesamtbild zusammensetzt. Die Horoskopdeutung ist wegen ihrer Komplexität aber „keinesfalls absolut zu setzen"[14]. Das Horoskop kann folglich als „ein komplexes und vieldeutiges Symbol"[15] aufgefasst werden, welches Deutungsmuster vorgibt, die auf verschiedenen Wegen umgesetzt werden können. Deren Ziel ist es, in einem sinnvollen Zusammenhang den persönlichen Charakter wiederzugeben.

Zusammenfassend ist zu sagen, dass das astrologische Horoskop sich auf die Planetenkonstellation bezieht, welche berechnet und graphisch visualisiert wird. Anhand dieser Konstellation und vorgegebener Interpretationsmuster lässt sich die Persönlichkeit, aber auch die Zukunft eines Menschen deuten. Nach Auffassung der Astrologen verfügen die in den Massenmedien vorkommenden Horoskope aber über keine Gemeinsamkeit mit dessen astrologischem Bedeutungsgehalt. Sie beziehen nur Sonnenzeichen ein. Astrologen sehen darin eine starke Vereinfachung des Horoskops. Die Texte der Pressehoroskope würden das komplexe

---

[14] Vgl. Katja Furthmann: Die Sterne lügen nicht. Göttingen 2006, S. 42.
[15] ebd.

Deutungssystem devalvieren. Eine individuelle Berechnung des persönlichen Charakters soll hier nicht stattfinden. Diese Pressetexte bedienten sich lediglich des Ausdrucks *Horoskop*.

2.   Funktionalität von Texten

Der Verfasser richtet seinen Text zumeist an bestimmte Adressaten. Durch eine sprachliche Handlung übermittelt er ihnen eine Botschaft. Diese enthält seine Intention, somit übernimmt der Text eine *Funktion*. Brinker definiert den Terminus *Textfunktion* vorläufig als den „Sinn, den ein Text in einem Kommunikationsprozess erhält, bzw. als Zweck, den ein Text im Rahmen einer Kommunikationssituation erfüllt."[16]

Ein Text besteht aus einer Verkettung von sprachlichen Zeichen, und ist daher sehr komplex. Er entspricht einer sprachlichen Äußerung. Demzufolge lässt sich Karl Bühlers „Organon-Modell"[17] anwenden. Es stellt ein semiotisches Modell dar. In diesem können sprachliche Zeichen in konkreten Kommunikationszusammenhängen drei Funktionen ausüben:

- die Funktion des *Ausdrucks* der inneren Befindlichkeit und der Einstellung des Zeichenbenutzers;
- die Funktion der *Darstellung* von Sachverhalten und Gegenständen;
- die Funktion des *Appells*, mit dem der Zeichenbenutzer den Adressaten zu einer Reaktion bewegen möchte.

Diese drei Ebenen dienen als Grundlage für die Textklassifikation. Sie können auch parallel verlaufen, d.h. dass „die Autorin mehrere Ziele gleichzeitig verfolgen kann"[18]. Ein Text kann also mehrere Funktionen aufzeigen. Durch bestimmte sprachliche Muster werden diese in ihm realisiert. In einem Text dominiert in der Regel aber nur eine Funktion die Kommunikation, und diese wird als *Textfunktion* bezeichnet.

---

[16] Vgl. Klaus Brinker: Linguistische Textanalyse. Berlin 2005, S. 81.
[17] Vgl. Linke/ Nussbaumer/ Portmann: Studienbuch Linguistik. Tübingen 2004, S. 276.
[18] Vgl. Manfred Stede: Korpusgestützte Textanalyse. Tübingen 2007, S. 31.

Die allgemeine Definition der Textfunktion heißt es nun tiefgründiger zu fassen und dazu näher auf den Aspekt der Handlungstheorie einzugehen. Die Sprechakttheorie nach Austin und Searle soll dafür als Grundlage dienen.

Jede sprachliche Handlung besteht aus Sprechaktteilen: dem *lokutionären Akt*, dem *propositionalen Akt*, dem *illokutionären Akt* und dem *perlokutionären Akt*. Unter der *Lokution* versteht Austin die Realisierung von Mustern in einem Sprachsystem durch die Stimme bzw. Schreibutensilien. Searle betitelt diesen Vorgang als *Äußerungsakt*, der „Aspekte von Sprache, [...], aber auch der strukturalistischen Linguistik"[19] einschließt. Zusätzlich gehört der propositionale Akt bei Austin zur Lokution. Die Proposition enthält den Inhalt einer Sprechhandlung, in welcher sich der Emittent über Gegenstände, Sachverhalte oder Ereignisse äußert. Den Hauptteil des Sprechaktes bildet die Illokution. Sie beinhaltet, ob der Rezipient „die intendierte Funktion des Sprechaktes erkennt"[20]. Sie wird eher als Sprechhandlungstyp verstanden, und entspricht daher weniger dem sprachlichen Handeln. Insofern erfolgt die Realisierung eines bestimmten Typus der Sprechhandlung durch die Ausführung einer Handlung des Emittenten gegenüber einem Rezipienten in einer bestimmten Situation. Er gibt z.B. ein Versprechen oder einen Ratschlag. Mit dieser Aktion beabsichtigt der Emittent den Rezipienten zu einer gewünschten Reaktion zu bringen. Diesen Akt nennen Searle und Austin Perlokution. Nun könnte diese Aufzählung der Sprechaktteile den Eindruck erwecken, dass diese in chronologischer Reihenfolge stattfinden. Dem ist aber nicht so. Denn im Normalfall laufen diese gleichzeitig ab.

Die Funktion eines Textes ist eng mit der sprachlichen Handlung verbunden. Der Emittent versucht im Kommunikationsprozess den Rezipienten auf seine gewünschte Weise zu beeinflussen. Dieser Akt ist kennzeichnend für „partnerbezogenes Handeln"[21] und somit „soziales Handeln"[22]. Sprachliche

---

[19] Vgl. S. 86.
[20] Vgl. Linke/ Nussbaumer/ Portmann: Studienbuch Linguistik. Tübingen 2004, S. 212.
[21] Vgl. Klaus Brinker: Linguistische Textanalyse. Berlin 2005, S. 93.
[22] ebd.

Handlungen sind intentional, aber auch konventionell. Sie werden nach bestimmten Regeln in einer Sprachgemeinschaft durchgeführt. Deren Rezipient sollte in der Lage sein die Intention des Emittenten in einem Text zu erkennen und diese zu verstehen. Dieser intentionale Aspekt einer sprachlichen Äußerung prägt die Illokution in der Sprechakttheorie und entspricht in der Textlinguistik der Textfunktion. Untersucht man die Textfunktion in Zusammenhang mit der Illokution in einzelnen Sätzen, so würde sich ein komplexes System aus einer Hauptfunktion eines Textganzen und aus unterschiedlichen Nebenfunktionen auf der Satzebene ergeben. Es scheint daher zweckmäßiger zu sein, die Funktion eines Textes am Textganzen auszumachen. Die textinternen Elemente sollten bei einer Untersuchung nicht außer Acht gelassen werden, aber von größerer Bedeutung sind die textexternen Faktoren wie z.B. der Situationszusammenhang, die Beziehung zwischen den Kommunikationspartnern und der Textadressat.

Wie bei der Illokution, lassen sich analog auch Indikatoren für die Textfunktion ausmachen. Brinker unterscheidet drei Grundtypen von Indikatoren. Der erste Indikator beinhaltet, wie der Emittent den Typus der Intention gegenüber dem Rezipienten mittels sprachlicher Formen und Strukturen zur Äußerung bringt. Bei dieser Art der Indizierung der Textfunktion, findet eine „direkte Signalisierung der Textfunktion"[23] statt. Der zweite Typus unterscheidet sich vom ersten darin, dass der Emittent seine Einstellung zum Inhalt des Textes verkündet. Er kann sich über den Wahrheitsgehalt seiner Äußerung mitteilen, seine Wertung wiedergeben, sein Interesse signalisieren oder seine psychische Haltung äußern. Brinker spricht hier von „thematischen Einstellungen"[24]. Bestimmte Einstellungen lassen sich mit der Textfunktion verbinden. Ihr Verhältnis zueinander ist nicht adäquat umzusetzen. Deshalb, so Brinker, können die thematischen Einstellungen als keine eindeutigen Indikatoren der Textfunktion aufgefasst werden. Nur in Zusammenhang mit einigen Kontextindikatoren zeigen sie eine Textfunktion an. Demzufolge haben thematische Einstellungen nur eine

---

[23] Vgl. S. 97.
[24] Vgl. S. 98.

„indirekte Signalisierung der Textfunktion"[25] inne. Der dritte Grundtyp beinhaltet die „kontextuellen Indikatoren"[26]. Offenbart der Text keinen der beiden ersten Grundtypen von Indikatoren oder die Indikatoren verweisen auf verschiedene Funktionen, so lässt sich nur mit Hilfe der kontextuellen Indikatoren die vorherrschende Textfunktion bestimmen.

2.1. Charakteristische Merkmale der spezifischen Textfunktionen

Mit Blick auf den handlungstheoretisch orientierten Textsortenbegriffs legt Brinker die Textfunktion als Basiskriterium fest, um Textsorten zu differenzieren. Dieses Kriterium beeinflusst im großen Umfang die alltagssprachliche Textsortenklassifikation. Unter deren Anwendung gelangt Brinker zu einer Differenzierung in fünf Textklassen: „Informationstexte", „Appelltexte", „Obligationstexte", „Kontakttexte" und „Deklarationstexte"[27]. Zu jeder einzelnen, der hier erwähnten Textklassen lassen sich Funktionen zuordnen.

Die Informationsfunktion drückt aus, wie der Emittent den Rezipienten über einen Sachverhalt informiert. Der Emittent kann sein Wissen durch den Bezug auf eine Quelle oder durch den Gebrauch von Modalverben oder Modalwörtern eine Sicherheit verleihen. Die Informationsfunktion ist merkmalspezifisch für die Textsorten „Nachricht", „Bericht" und „Beschreibung"[28]. Sie kann auch Bezug auf eine Wertung nehmen. Diese wertende Einstellung ist charakteristisch für die Textsorten „Gutachten", „Rezension", „Leserbrief"[29] usw. Die informative Textfunktion ist demnach sowohl sachbezogen als auch meinungsbezogen. Es besteht die Möglichkeit, dass eine wertende Aussage neben ihrer Informationsfunktion auch noch eine appellative Funktion ausführt, die aus dem Kontext bzw. der Textsorte resultiert. Mittels der Appellfunktion fordert der Emittent den Rezipienten auf, eine Handlung auszuführen und/oder eine Einstellung zu

---

[25] ebd.
[26] ebd.
[27] Vgl. S. 133.
[28] Vgl. S. 106.
[29] ebd.

übernehmen. Textsorten, die eine appellative Textfunktion aufweisen sind: „Werbeanzeige, [...], Kommentare, [...], Gebrauchsanweisung, Rezept, Gesetzestext, [...] usw."[30] Die Appellfunktion kann durch den Emittenten „direkt durch explizit performative Formeln mit den Verben auffordern, anordnen, befehlen, bitten, raten, [...] usw."[31] angezeigt werden. Solche direkten Verweise kommen in Texten selten vor. Die Appellfunktion geht am häufigsten mit grammatischen Indikatoren einher wie den Imperativsatz, die Infinitivkonstruktion und den Interrogativsatz. Eine Textsorte kann auch eine obligatorische Funktion ausüben. Durch diese verpflichtet sich der Emittent gegenüber dem Rezipienten eine Handlung auszuführen. Beispiele für Textsorten mit Obligationsfunktion sind Vertrag, Vereinbarung, Gelübde, Angebot usw. Texte, die sich durch einen selbstverpflichtenden Aspekt charakterisieren, sind häufig stark institutionalisiert. Deshalb deutet eine direkte Signalisierung der Textfunktion fast immer auf sie hin wie z.b. die Verben „versprechen, sich verpflichten, schwören, übernehmen, sich bereit erklären, [...] usw."[32] Eine weitere kommunikative Funktion führt der Kontakt aus. Durch diese versucht der Emittent dem Rezipienten seine persönliche Beziehung zu ihm zum Ausdruck zu bringen. Die kontaktspezifische Funktion charakterisiert sich durch explizit performative Formeln mit den Verben danken, um Entschuldigung bitten, beglückwünschen, gratulieren, sich beschweren, Beileid aussprechen usw. Texte, die einen kontakt-funktionalen Aspekt signalisieren, sind oft mit statischen gesellschaftlichen Anlässe verbunden. Diese erfordern vom Emittenten, dass er seine psychische Einstellung zum Ausdruck bringt. Die Äußerung seiner Gefühle ist als solches nicht relevant. Vielmehr geht es darum, dass der Emittent eine soziale Erwartung erfüllt. Darauf basiert die kontaktspezifische Bedeutung solcher Einstellungsbekundungen. Die Kontaktfunktion ist vor allem kennzeichnend für Partizipationstexte. In diesen überbringt der Emittent dem Rezipienten seine Anteilnahme z.B. durch „Gratulations- und Kondolenzbriefe"[33]. Eine andere Form der Funktion von Texten zeigt die

---

[30] Vgl. S. 109.
[31] Vgl. S. 110.
[32] Vgl. S. 118.
[33] Vgl. S. 120.

Deklaration. Mittels derer übermittelt der Emittent dem Rezipienten, „daß der Text eine neue Realität schafft"[34]. Textsorten, die auf einer deklarativen Funktion beruhen sind z.b. „Ernennungsurkunde, Testament, Schuldspruch, Bevollmächtigung, Bescheinigung usw."[35]. Diese Textsorten sind an bestimmte gesellschaftliche Einrichtungen gebunden. Die deklarative Funktion wird häufig direkt „durch feste, ritualisierte und explizite Formeln"[36] zum Ausdruck gebracht. Zusätzlich verweisen spezifische Textüberschriften wie Testament, Urkunde, Bescheinigung usw. auf die Deklarationsfunktion.

2.2. Analyse der Textfunktionen anhand ausgewählter Horoskoptexte

In diesem Kapitel untersuche ich Horoskoptexte aus einer Zeitung und drei Zeitschriften bezüglich ihrer Textfunktionen. Als exemplarische Grundlage dienen die Horoskope der Ausgabe Nummer 42 der Zeitung *Nordkurier* vom 19. Februar 2009, der Ausgabe Nummer 09 der Zeitschrift *IN TOUCH* vom 19. Februar 2009, sowie der Ausgabe 05/2009 der am 11.2.2009 erschienenen Zeitschrift *freundin* und der Ausgabe Nummer 3 der Zeitschrift *Freizeit AKTUELL* vom 13. Februar 2009. Für die folgende Analyse werden die spezifischen Charakteristika der einzelnen Funktionen auf die Beispieltexte der Pressehoroskope angewendet.

2.2.1. Analyse der Horoskoptexte in Bezug auf die Informationsfunktion

Horoskope wirken nach den Kriterien der Informationsfunktion erwiesenermaßen als Texte, die den Rezipienten über Ereignisse und Möglichkeiten in einem begrenzten Zeitraum informieren möchten. Dieses Handlungsmuster bedienen viele Informationshandlungen wie „VORRAUSSAGEN, ANKÜNDIGEN, BEHAUPTEN, KONSTATIEREN und VERMUTEN"[37]. Um diese zu unterlegen möchte ich nun einige Beispiele anbringen:

---

[34] ebd.
[35] ebd.
[36] ebd.
[37] Vgl. Katja Furthmann: Die Sterne lügen nicht. Göttingen 2006, S. 161.

Sie kommen Ihrem Traum jetzt sehr nahe: [...][38]

Liebe: Sie schweben im siebten Himmel.[39]

Leider ist heute ein ungesundes Maß an Hektik zu erwarten, und wenn Sie nicht aufpassen, verlieren Sie den roten Faden.[40]

Liebe: In manchen Beziehungen krieselt's jetzt.[41]

Beruf: Es wartet eine große Chance, die sollten Sie nicht verpassen![42]

Ein Jobproblem scheint sich endlich in Luft aufzulösen.[43]

Die hier vom Emittenten vermittelten Informationen beziehen sich auf einen bestimmten Zeitraum bzw. –punkt, der in der Gegenwart oder in der Zukunft liegt. Beim Lesen des Horoskops erhält der Rezipient einen Einblick in die Situation, in der dieser sich jetzt befindet oder die voraussichtlich eintreten wird. In Betracht dessen sind diese Informationen auf die Zukunft orientiert, denn der Rezipient war sich vermutlich seiner Situation vor dem Lesen nicht bewusst. Demzufolge vermitteln die Informationen dem Adressaten Neuigkeiten. Die getroffenen Voraussagen und Behauptungen des Emittenten können eintreffen oder zutreffen. Umgekehrt kann es sein, dass diese nicht der Wahrheit entsprechen. Die Glaubwürdigkeit, so hat es den Anschein, spielt keine wesentliche Rolle in Pressehoroskopen. Die hier genannten Beispiele unterstützen die Behauptung, dass Horoskope eine Informationsfuntkion besitzen. Doch erscheint dies fragwürdig. Furthmann konstatiert, dass die informierenden Sprachhandlungen als Kennzeichen zur Bestimmung der Funktion ungenügend sind, „da sich so gut wie jeder Text unter dem Aspekt der Informationsvermittlung betrachten lässt."[44] Auch die Vermittlung von Neuigkeiten lässt sich wiederlegen. Die Voraussagen und Behauptungen sind in ihren Formulierungen stereotypisch und erscheinen in den Pressehoroskopen immer wieder in den adäquaten Mustern. So, dass

---

[38]Vgl. IN TOUCH, Fische.
[39] Vgl. Freizeit AKTUELL, Zwillinge.
[40] Vgl. Nordkurier, Schütze.
[41] Vgl. Freizeit AKTUELL, Widder.
[42] Vgl. freundin, Schütze.
[43] Vgl. IN TOUCH, Schütze.
[44] Vgl. Katja Furthmann: Die Sterne lügen nicht. Göttingen 2006, S. 162.

der Rezipient diese stets wiedererkennt und der Textsorte Horoskop zuordnet. Wie bereits angesprochen spielt die Glaubwürdigkeit der Informationen für den Rezipienten anscheinend keine Rolle. Dieses kann darauf zurückgeführt werden, dass Horoskope erstens meistens anonym verfasst werden und zweitens nur dem Anschein nach für ein Individuum geschrieben wurde. Mit der Bedienung eines breiten Publikums verliert diese Textsorte seine Glaubwürdigkeit und entspricht damit nicht einem individuellen errechneten und erstellten Horoskop aus astrologischer Sicht. Der Rezipient scheint darüber im Klaren zu sein. Folglich kann die Informationsfunktion nicht als dominieren für Pressehoroskope angesehen werden.

2.2.2. Analyse der Horoskoptexte in Bezug auf die Appellfunktion

> Der Emittent gibt dem Rezipienten zu verstehen, daß er ihn dazu bewegen will, eine bestimmte Einstellung einer Sache gegenüber einzunehmen (Meinungsbeeinflussung) und/ oder eine bestimmte Handlung zu vollziehen (Verhaltensbeeinflussung).[45]

Der Textemittent kann den Rezipienten auch dazu anhalten, eine Handlung nicht zu verwirklichen. Er kann verschiedene Sprachhandlungen ausüben: „gibt RATSCHLÄGE, EMPFEHLUNGEN und TIPPS, er WARNT, SCHLÄGT VOR, MOTIVIERT, FORDERT AUF, RÄT AB, ERLAUBT und VERBIETET."[46] In den Horoskopen finden diese eine breite Anwendung.

> Nehmen Sie sich mehr Zeit für Ihren Partner.[47]

> Kompromisse eingehen![48]

> Schrauben Sie Ihre Ansprüche und Erwartungen heute besser nicht zu hoch.[49]

> Gesundheit: auf ins Fitness-Studio![50]

---

[45] Vgl. Klaus Brinker: Linguistische Textanalyse. Berlin 2005, S. 108.
[46] Vgl. S. 163.
[47] Vgl. Freizeit AKTUELL, Waage.
[48] Vgl. IN TOUCH, Waage.
[49] Vgl. Nordkurier, Zwillinge.

Übertreiben Sie es aber nicht mit dem Kuscheln.[51]

Verzichten Sie lieber auf rauschende Feste und schmieden Sie spannende Urlaubspläne mit dem Liebsten.[52]

Es wäre ratsam, zeitig Feierabend zu machen, [...].[53]

In den meisten Horoskopen lässt sich eine Verbindung zwischen appellativen und informierenden Sprachhandlungen feststellen. Auf die Information folgt häufig der Appell. Demzufolge besteht eine wechselseitige Abhängigkeit zwischen beiden Sprachhandlungen, die sich einander nicht ausschließen.

Frustkäufe schmälern Ihre Finanzen. Investieren Sie lieber etwas von dem Geld in Erholung und Wellness.[54]

Ein Ärgernis aus dem letzten Jahr landet wieder auf Ihrem Schreibtisch. Jetzt heißt es gründlich sein, damit das Thema endlich durch ist.[55]

In dieser Woche weht Ihnen ein kühler Wind entgegen. Sie helfen sich am besten, wenn Sie nicht zu empfindlich darauf reagieren.[56]

Auf manche kommt jetzt viel Neues zu. Doch keine Sorge: Sie schaffen das![57]

Zu Beginn eines Horoskops kann auch eine Aufforderung oder eine Empfehlung stehen, der die Information folgt, um diese zu begründen.

Wenn Sie ganz vernünftig die Zeit einteilen, kommen Sie stressfrei durch den Tag und sind abends noch fit für ein paar gesellige Aktivitäten.[58]

Sie müssen sich momentan noch in Geduld üben. Den großen Coup landen Sie erst später.[59]

---

[50] Vgl. Freizeit AKTUELL, Krebs.
[51] Vgl. IN TOUCH, Zwillinge.
[52] Vgl. freundin, Widder.
[53] Vgl. Nordkurier, Skorpion.
[54] Vgl. freundin, Skorpion.
[55] Vgl. IN TOUCH, Krebs.
[56] ebd. Waage.
[57] Vgl. Freizeit AKTUELL, Krebs.
[58] Vgl. Nordkurier, Stier.

Zeigen Sie Ihre Zuneigung durch eine kleine Aufmerksamkeit. Ihr Finanzbudget erlaubt es Ihnen, und jemand freut sich sehr über Ihre Liebesbotschaft.[60]

Machen Sie jetzt einen Termin bei Ihrem Chef. Merkur lässt Sie wortgewandt und knallhart verhandeln.[61]

Die Illokution ist bei den appellativen Sprachhandlungen unterschiedlich ausgeprägt. Demzufolge könnte das Horoskop zu den appellativen bzw. direkten Textsorten zugeordnet werden. Expliziter formuliert, „müsste es sich beim Horoskop [...] um eine direktive, nicht-bindende Textsorte bei Textrezipienteninteresse handeln."[62] Diese zwingt den Textrezipienten nicht den Empfehlungen, Aufforderungen, Ratschlägen des Emittenten nachzukommen. Er kann nach seinem Ermessen entscheiden, ob er aufgrund dieser eine Handlung ausführt. Von diesem Aspekt besitzt auch der Produzent des Textes Kenntnis. Sowie er auch Wissen darüber verfügt, dass nur wenige seine Ratschläge, Empfehlungen, Aufforderungen usw. beherzigen und sie befolgt. Aufgrund dessen kann die Appellfunktion wie schon die Informationsfunktion für die Textsorte Horoskop nicht dominant sein.

2.2.3. Analyse der Horoskoptexte in Bezug auf die Kontaktfunktion

„Der Emittent gibt dem Rezipienten zu verstehen, daß es ihm um die Personale Beziehung zum Rezipienten geht (insbesondere um die Herstellung und Erhaltung eines persönlichen Kontakts)."[63] Die Äußerung seiner Gefühle ist als solches nicht relevant. Vielmehr geht es darum, dass der Emittenten eine soziale Erwartung erfüllt, besonders bei gesellschaftlichen Anlässen. Das Horoskop bewirkt einen Kontakt zum Leser dadurch, dass sich dieser in seinem Tierkreiszeichen wiedererkennt und sich damit verbunden fühlt. Um diese Handlung zu realisieren, benutzt der

---

[59] Vgl. Freizeit AKTUELL, Löwe.
[60] Vgl. freundin, Jungfrau.
[61] Vgl. IN TOUCH, Widder.
[62] Vgl. Katja Furthmann: Die Sterne lügen nicht. Göttingen 2006, S. 165.
[63] Vgl. Klaus Brinker: Linguistische Textanalyse. Berlin 2005, S. 119.

Textproduzent „die direkte bzw. indirekte Anrede des Adressaten (mittels 2. Person Singular, Infinitivgruppen u. a.)"[64]. Da in den Pressehoroskopen ein breites Publikum angesprochen wird, findet keine Individualisierung des Horoskops statt. Der Rezipient unterliegt nur diesem Anschein, dass dieses sich speziell auf ihn bezieht. Der Produzent der Horoskops ist entweder als Astrologe oder mit seinem Namen oder überhaupt nicht ausgewiesen. Obwohl bei letzteren der Rezipient wahrscheinlich einen Autor vermutet. Der Name mit oder ohne die Nennung des Berufs „Astrologe" ist im Kontext integriert, wobei Zeitschriften und Zeitungen einen direkten Kontakt zum Autor schaffen. Durch die Erwähnung des Produzenten erwarten diese Medien eventuell eine engere Bindung ihrer Leser.

Die Kontaktfunktion basiert auf expressive sprachliche Handlungen wie z.B. „BEDAUERN, VORWERFEN, LOBEN, WARNEN, WÜNSCHEN"[65]. Sie erscheinen relativ häufig in den Horoskopen. In anderen Textsorten treten expressive sprachliche Handlungen vergleichsweise wenig auf.

> Glückwunsch! Bei aller Abgelenktheit können Sie im finanziellen Bereich gerade kaum etwas falsch machen: [...][66]

> Glückwunsch, endlich haben Sie kapiert, wer der Richtige für Sie ist![67]

> Leider ist heute ein ungesundes Maß an Hektik zu erwarten, [...].[68]

> Nun erhalten Sie die Quittung für Ihren ungesunden Lebensstil – Fasten ist angesagt.[69]

> Zügeln Sie sich, sonst könnte Ihnen vor Ihrem Vorgesetzten etwas wirklich Unangenehmes herausrutschen.[70]

> Unzufrieden im Job? Sprechen Sie mit ihrem Chef![71]

> Kennen Sie den Weg ins Sportstudio noch?[72]

---

[64] Vgl. Katja Furthmann: Die Sterne lügen nicht. Göttingen 2006, S. 168.
[65] Vgl. S. 169.
[66] Vgl. freundin, Schütze.
[67] ebd. Löwe.
[68] Vgl. Nordkurier, Schütze.
[69] Vgl. freundin, Zwillinge.
[70] ebd. Skorpion.
[71] Vgl. Freizeit AKTUELL, Zwillinge.

Gesundheit: etwas angeschlagen? Muten Sie sich nicht zu viel zu![73]

Die Zeitschrift *freundin* äußerte in ihren Horoskopen überwiegend sehr positive Dinge über den Rezipienten. Während sich bei den Zeitschriften *IN TOUCH* und *Freizeit AKTUELL* sowie bei der Zeitung *Nordkurier* sich positive und negative Sachverhalte sich die Waage hielten. Natürlich sind die Textproduzenten der Zeitschriften- und Zeitungshoroskope dazu aufgefordert, überwiegend positive Sachverhalte dem Rezipienten zu vermitteln. Schließlich sind die Medien daran interessiert, ihre Leserschaft zu halten. Durch das Stellen von Fragen erweckt der Produzent beim Leser, ein fiktives Interesse an dessen Wohlergehen. Damit erzeugt dieser eine Mündlichkeit. Der Emittent ist um den Rezipienten besorgt, lobt und tadelt ihn, zeigt Interesse an seinem Leben. Durch diese Anteilnahme entsteht eine Vertrautheit zwischen den Gesprächspartnern. Demzufolge enthalten Horoskope einen psychologischen Effekt, der in ihnen „eine essentielle kontaktive Komponente, die in einem Zeitalter zunehmender Anonymität, Vereinzelung und Beziehungslosigkeit an Bedeutung gewinnt"[74]. Unter Einbeziehung aller Kriterien kristallisiert sich heraus, dass die Kontaktfunktion in der Textsorte Horoskop die dominante Rolle spielt.

2.2.4. Analyse der Horoskoptexte in Bezug auf die Obligations- und die Deklarationsfunktion

Beispiele, die eine Obligationsfunktion anzeigen, lassen sich in der Textsorte Horoskop nicht finden. Der Emittent verpflichtet sich gegenüber dem Rezipienten nicht eine bestimmte Handlung auszuführen. Dieser Aspekt drückt auch nicht den Sinn eines Horoskops aus. Der Emittent kann für den Wahrheitsgehalt seiner Äußerung nicht garantieren. Schließlich können seine vermittelten Informationen und/ oder Voraussagen auch nicht zutreffend sein. Der Emittent ist wahrscheinlich auch nicht bereit dazu, sich dafür zu verbürgen. Voraussagen zu treffen, die wirklich eintreffen, liegt nicht in seiner Macht. Er kann lediglich Prognosen aufstellen, die wegweisend für

---

[72] Vgl. freundin, Stier.
[73] Vgl. Freizeit AKTUELL, Steinbock.
[74] Vgl. Katja Furthmann: Die Sterne lügen nicht. Göttingen 2006, S. 177.

den Rezipienten sind. Für deren Realisierung ist der Rezipient verantwortlich, der dafür bestimmte Handlungen vollziehen müsste.

Ähnlich wie bei der Obligationsfunktion verhält es sich mit der deklarierenden Funktion. Der Emittent kann nicht etwas bewirken, welches dann Geltung besitzt. Bezogen auf den Wahrheitsgehalt der Information und/ oder der Voraussage würde dies bedeuten, dass alle seine Aussagen zutreffend sind. Dieser Fakt ist erwiesenermaßen nicht der Fall. Die vom Emittenten vermittelten Informationen und/ oder Voraussagen stimmen nur geringfügig mit der Situation des Rezipienten überein. Diesbezüglich können sie keine allgemeine Gültigkeit besitzen, welches vom Rezipienten auch nicht erwartet wird.

Zusammenfassend kann ich sagen, dass weder die Obligationsfunktion noch die Deklarationsfunktion für die Textsorte Horoskop spezifisch sind. Denn es lassen sich keinerlei Beispiele für ihre Unterlegung in Pressehoroskopen finden. Ihre Bedeutungen entsprechen nicht dem Charakter eines Horoskops.

3.   Fazit

Am Ende der Analyse erwiesen sich die Deklarations- und die Obligationsfunktion für die Textsorte Horoskop als nicht zutreffend. Ziel des Horoskops ist es, dass der Rezipient die Intention des Emittenten erkennt und, dass dieser daraufhin eine bestimmte Handlung vollzieht. Die beiden Textsortenfunktionen deklarieren aber, dass der Emittent eine bestimmte Handlung vollzieht, indem er etwas verspricht oder jemanden bevollmächtigt. Diese Fakten dienen nicht der Textsorte Horoskop. Demzufolge scheiden die Obligations- und die Deklarationsfunktion für diese Textsorte aus.

Die Analyse der Informations- und der Appellfunktion ergab, aufgrund dessen das einige gewichtige Gründe gegen sie sprachen, dass diese nicht als dominante Funktion der Textsorte Horoskop anzusehen sind. Die informierende Funktion entspricht einem zu allgemeinen Kriterium, welches sich auf fast alle Textsorten anwenden lässt. In den Beispieltexten der

Pressehoroskope ließen sich genügend Informationen feststellen, die den Rezipienten über seine jetzige Situation informierten.

Der Appell des Produzenten an den Rezipienten verfehlt größtenteils seine Funktion. Der Leser entscheidet nach seinem Ermessen, ob er bezüglich der Forderung des Emittenten eine Handlung vollzieht. Mit diesem Wissen, über welches Produzent und Rezipient verfügen, kann die appellative Funktion im Horoskop nicht als dominant gesetzt werden. Anders sieht es bei der Kontaktfunktion aus. Der Produzent geht auf den Leser ein. Er interessiert sich für dessen Leben, speziell für die Bereiche Liebe, Geld und Gesundheit. Zusätzlich lobt und tadelt und beglückwünscht der Produzent den Leser. Insbesondere die Aussagen und Fragen indizieren eine Mündlichkeit. Es findet demnach ein fiktives Gespräch zwischen Produzent und Leser statt, welches eine Vertrautheit zwischen vermittelt. In einer Zeit der zunehmenden Anonymität scheint die Kontaktfunktion nicht nur bei der Textsorte Horoskop eine bedeutende Rolle einzunehmen. Die Leser scheinen sich nach einem solchen Kontaktmedium zu sehnen. Daher erfreuen sich die Pressehoroskope einer solchen Beliebtheit bei der Leserschaft. Demzufolge erscheint es als richtig die Kontaktfunktion als dominierende Funktion der Textsorte Horoskop festzulegen.

4. Literaturverzeichnis

Primärliteratur

Noé, Winfried: Horoskop. In: Nordkurier. Anklamer Zeitung. 19. Februar 2009 (Nr. 42).

Horoskop. In: Freizeit AKTUELL. Nr. 3.

Noé, Winfried: Horoskop. In: freundin. 11.2.2009 (05/2009).

Horoskop. In: IN TOUCH. 19. Februar 2009 (Nr. 09).

Sekundärliteratur

Brinker, Klaus: Linguistische Textanalyse. Eine Einführung in Grundbegriffe und Methoden. 5. Ausgabe. Berlin 2005.

Dimter, Matthias: Textklassenkonzepte heutiger Alltagssprache. Kommunikationssituation, Textfunktion und Textinhalt als Kategorien alltagssprachlicher Textklassifikation. Tübingen 1981.

Duden. Deutsches Universal Wörterbuch A-Z. Mannheim 1989.

Furthmann, Katja: Die Sterne lügen nicht. Eine linguistische Analyse der Textsorte Pressehoroskop. Göttingen 2006.

Heinemann, Margot / Heinemann, Wolfgang: Grundlagen der Textlinguistik. Interaktion – Text – Diskurs. Tübingen 2002.

Linke/ Nussbaumer/ Portmann: Studienbuch Linguistik. 5. Auflage. Tübingen 2004.

Stede, Manfred: Korpusgestützte Textanalyse. Grundzüge der Ebenen-orientierten Textlinguistik. Tübingen 2007.